12.95 +

Le mime

Collection Arts du cirque dirigée par Isabelle Quentin

Ouvrage paru dans la collection :
Jongler avec des balles au sol par Sylvain Duchesne

Mario Diamond

Le mime

Les Éditions
LOGIQUES

LOGIQUES est une maison d'édition reconnue par les organismes d'État responsables de la culture et des communications.

Photos : Elsa Mercure
Illustrations : Guy Jourdain
Révision linguistique : Aline Plante
Conception et réalisation : Trait d'union
Supervision de l'édition : Isabelle Quentin éditeur

Distribution au Canada:
Logidisque inc., 1225, rue de Condé, Montréal (Québec) H3K 2E4
Téléphone: (514) 933-2225 • Télécopieur: (514) 933-2182

Distribution en France:
Librairie du Québec, 30, rue Gay Lussac, 75005 Paris
Téléphone: (33) 1 43 54 49 02 • Télécopieur: (33) 1 43 54 39 15

Distribution en Belgique:
Diffusion Vander, avenue des Volontaires, 321, B-1150 Bruxelles
Téléphone: (32-2) 762-9804 • Télécopieur: (32-2) 762-0662

Distribution en Suisse:
Diffusion Transat s.a., route des Jeunes, 4 ter C.P. 1210, 1211 Genève 26
Téléphone: (022) 342-7740 • Télécopieur: (022) 343-4646

Les Éditions LOGIQUES
1247, rue de Condé, Montréal (Québec) H3K 2E4
Téléphone: (514) 933-2225 • Télécopieur: (514) 933-3949

Les Éditions LOGIQUES / Bureau de Paris
Téléphone: (33) 3 44 22 63 64 • Télécopieur: (33) 3 44 22 45 52

Le mime

© Les Éditions LOGIQUES inc., 1997
Dépôt légal: premier trimestre 1997
Bibliothèque nationale du Québec
Bibliothèque nationale du Canada

ISBN 2-89381-443-3
LX-512

168576

*À Mathieu, 11 ans et Maria, 7 ans pour les
grands yeux et les sourires ;*

À Marie-Chantal pour l'appui et le coup de fouet ;

À Claude St-Denis, notre pilier silencieux.

Enseigner, c'est apprendre deux fois
Joseph Joubert

Table des matières

13

Remerciements

Merci à France Lacoursière, Ressources Éditext enr., pour son indéfectible disponibilité et ses critiques judicieuses ;

René Beaumier, photographe, pour son studio et ses précieux conseils ;

Ann Elsa Mercure, photographe ;

Guy Jourdain, graphiste, Imp. Jourdain Design.

Préface

Ma première pantomime était une imitation de Charlie Chaplin,
j'avais douze ans (1947)... grand succès !

Après l'imitation, je suis arrivé à la création, j'avais de l'instinct, sûrement du talent, mais il me manquait la technique.

Voilà, le mot est dit... technique.

J'ai consacré plus de 10 ans de ma vie à décortiquer tous les gestes que le corps peut faire pour s'exprimer.

Voici Mario Diamond qui a réussi à vous l'offrir d'une manière que j'aurais voulu posséder il y a plusieurs années.

Suivez bien son cheminement, il est beau et vrai.

Claude St-Denis

Val David (février 1997)

Introduction

Pour apprendre à écrire, il faut d'abord apprendre l'alphabet avec lequel viennent les sons, les mots, les phrases et la composition. En mime, c'est la même chose. Il faut d'abord connaître chaque partie de l'instrument, savoir comment le préparer, l'assouplir et ensuite harmoniser un regard avec une ligne du corps, une main avec une courbure du dos, etc.

Dans les parties I et II de ce livre, vous trouverez les exercices de base menant à une meilleure compréhension des mécanismes du corps. Notez que rien de ceci ne nous est étranger, mais l'humain à mesure qu'il devient *adulte* oublie peu à peu le jeu et le plaisir de dépeindre les choses et les émotions.

Il est important de pratiquer les exercices avec prudence et contrôle. Le mime n'est pas une discipline olympique mais requiert tout de même un effort de la part de vos muscles et de votre squelette. Il est donc recommandé de bien les préparer avant d'exécuter les mouvements.

Ce livre se veut un outil de base pour les gens de tout âge qui n'ont jamais pratiqué cet art. Grâce à ses illustrations, il vous aidera, je l'espère, à mieux comprendre la composition des postures et des expressions faciales.

L'observation de ce qui nous entoure, des choses et des gens que nous côtoyons, des objets de notre quotidien nous amène à une meilleure capacité à les reproduire.

Historique

Mis à part les hommes de Cro-Magnon qui devaient certainement utiliser les gestes pour compléter leur pauvre langage, il y eut, au fil du temps, différents peuples qui ont exploité une forme de « théâtre corporel » comme moyen d'expression.

On parle de mime[1] à partir du IIIe siècle avant notre ère. Chez les Grecs et les Romains du XVIIe siècle, la commedia dell'arte rapproche les spectateurs de ce genre de théâtre avec les masques et les acrobaties de personnages traditionnels comme Arlequin, mais c'est au début du XVIIIe siècle que la pantomime[2] atteint sa popularité générale. L'an de grâce 1796 vit naître le petit Gaspard Debureau qui devint un mime célèbre et transmit son savoir à son fils Jean-Charles, avant de mourir en tombant de scène.

Au début du siècle, l'école du Vieux Colombier comptait parmi ses élèves, Étienne Decroux, qui s'employa plus tard à la codification de l'art du mime ainsi qu'à l'élaboration d'une grammaire qui devait servir de base au mime moderne.

Parmi les élèves de monsieur Decroux, nous retrouvons notamment quelques grands noms tels que Jean-Louis Barrault, Marcel Marceau et, plus près de nous, Claude St-Denis et l'école Omnibus qui ont ouvert le chemin aux générations actuelles.

---

1. **Mime** : n.m. (lat. *mimus*, mot gr.) ... Genre de comédie où l'acteur représente par gestes l'action, les sentiments. **1.** Acteur spécialisé dans le genre du mime.

2. **Pantomime** : n.f. (gr. *pantomimos*, qui imite tout). **1.** Jeu du mime ; art de s'exprimer par les gestes, les attitudes, les jeux de physionomie, sans recourir au langage. **2.** Pièce mimée.

Partie I

Techniques de base

Le visage

Exercices des muscles du visage

On n'a qu'à se souvenir du jour où l'on s'est cogné le petit orteil sur le pied du lit pour comprendre à quel point l'expression du visage peut changer radicalement. Il vous est possible de contrôler les muscles de votre visage pour parvenir au même résultat.

Les exercices qui suivent vous aideront à contrôler ces muscles un à un ou par petits groupes afin de varier les expressions et de faire ainsi apparaître l'émotion désirée.

1.1

« A-O »

Éveillez votre visage en ouvrant au maximum les yeux et la bouche (photo 1.1), relâchez et froncez

1.2

les sourcils en faisant la moue (photo 1.2). Plus vous répéterez cet exercice, qu'on peut appeler le *A-O* en raison du son que l'expression suggère, plus vous développerez l'élasticité de vos muscles faciaux, et en prendrez petit à petit conscience et contrôle.

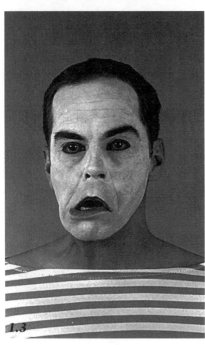

1.3

26

Le ruminant

Vous assouplirez la mâchoire inférieure avec l'exercice *du ruminant*. Il suffit d'imiter les mouvements de mâchoires de la vache (ou du chameau) qui mâche son avoine préférée. Essayez de pousser graduellement les mouvements latéraux en décrivant un cercle et ensuite, ouvrez bien grand la bouche pour détendre (photos 1.3-1.5).

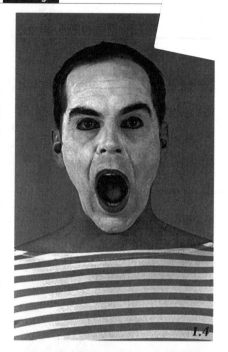

1.4

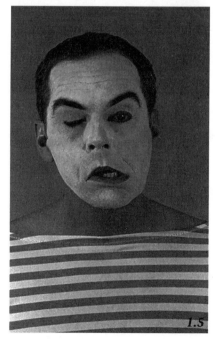

1.5

27

Le dédaigneux

La prochaine gymnastique, le dédaigneux, vous aidera à maîtriser les muscles des lèvres et des narines. Les lèvres en cul-de-poule, essayez de tenir un cure-dent entre vos lèvres, plissez le nez et ouvrez les narines. Maintenant, il suffit de vous concentrer sur la pensée d'une chose qui vous répugne pour que cet exercice vous fasse prendre une expression définie (photo 1.6).

28

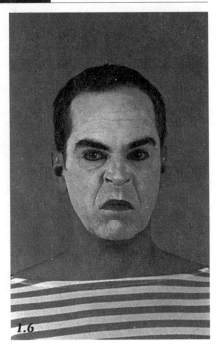

1.6

Expressions quotidiennes

Le réveil

Il est entendu que personne n'a les mêmes petites habitudes au réveil. Cependant, le bâillement et l'étirement sont choses courantes et communes à beaucoup d'entre nous. La mécanique de l'exercice est fort simple : les yeux sont fermés, la bouche grande ouverte, la mâchoire inférieure presque décrochée, le nez et le front plissés. Voilà l'image type du réveil. Variez l'exercice en ouvrant la bouche en *O* et vous devenez l'enfant qui s'éveille.

29

L'autorité

Rappelez-vous les yeux méchants de votre mère après un mauvais coup de votre part... ou le visage de votre directeur d'école. L'insistance du regard est la clé de l'expression de l'autorité. Essayez de penser à une situation particulière où vous avez fait preuve de fermeté. Maintenant, froncez les sourcils, fixez le regard avec une expression de domination, et pincez plus ou moins les lèvres selon l'intensité désirée (photo 1.7).

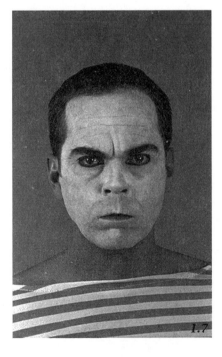

1.7

1.8

Le découragement

La journée a été longue, il est tard, vous n'avez plus d'énergie, vous avez l'estomac vide et le corps lourd.

Les muscles du visage s'affaissent, la tête tombe sur une de vos mains, les yeux, dans le vide, semblent implorer la pitié et les sourcils se froncent un peu. On peut amplifier l'expression en décrochant légèrement la mâchoire inférieure ou en faisant la moue. Si vous êtes vraiment désespéré, alors, vous écrasez votre visage entre vos deux mains. C'est moins réaliste, mais ça reste efficace dans le jeu. (photo 1.8)

On pourrait développer à n'en plus finir et écrire un livre complet sur le sujet, mais allons plutôt explorer davantage l'expression du corps.

30

Expressions loufoques et stéréotypées

Disons d'abord qu'un massage du visage préalable et subséquent à certains exercices est recommandé, particulièrement pour l'exercice suivant.

E.T., le personnage

Ouvrez très grand les yeux et relevez les sourcils à vous en faire plisser le front. Ensuite, ouvrez les narines aussi grand que possible et fermez la bouche en pinçant les lèvres. Poussez un peu d'air sous la lèvre du haut et dans les joues et finalement, étirez le cou vers l'avant (photos 1.9, 1.10).

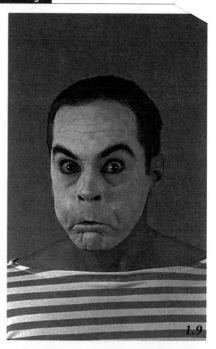

1.9

31

1.10

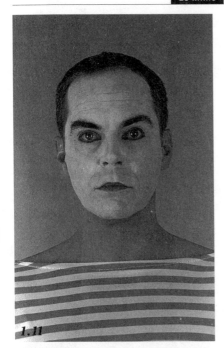

1.11

Le macho

Quoique simple dans sa mécanique, le macho demande plus de jeu dans le regard. Il y a peu de différence physique entre un regard neutre (photo 1.11) et un regard macho, pourtant vous aurez une impression différente selon le regard que l'on posera sur vous, comme le démontrent les photos qui suivent.

Il suffit de soulever un peu la joue, ce qui devrait aussi faire soulever la lèvre du même côté. Laissez les paupières décontractées et rentrez un peu le menton en gardant la tête haute. Prêtez à votre regard l'arrogance et la bêtise, et vous voilà le macho parfait... il ne vous manque que vos clés d'auto (photo 1.12).

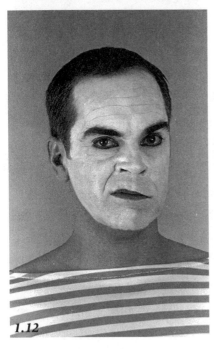

1.12

Le masque de démon

L'éventail d'expressions possibles pour le masque est très étendu, de la méchanceté à l'effroi, selon votre conception des différents personnages. La composition du masque typique est assez complexe, mais avec un visage bien préparé et de mauvaises intentions, tout devient plus simple.

Le nez joue un rôle très important dans tout ce qui est laid, répugnant ou terrifiant. C'est donc par lui que l'expression doit débuter. Plissez le nez vers le haut et froncez les sourcils. Poussez ensuite la lèvre du bas vers celle du haut et vous devenez du genre grincheux. Ouvrez ensuite à peine la bouche, laissez voir vos dents du haut et ouvrez les yeux au maximum. Regardez vers le bas en relevant le menton et votre masque est complet. Donnez-lui vie en pensant à quelque chose de malsain (photos 1.12, 1.13) !

1.12

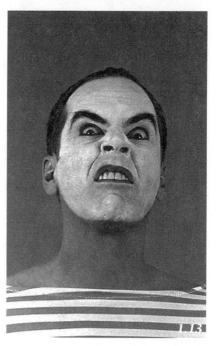

1.13

33

Les mains

Exercices et assouplissement

Vers le haut

Comme le démontrent les photos ci-dessous, il est très simple d'assouplir les mains. Pour étirer les doigts et les poignets, placez le bras devant vous, tendez le coude, les doigts vers le haut et, en vous aidant de l'autre main, tirez vos doigts vers vous doucement pendant 10 à 15 secondes. Relâchez doucement. Ouvrez et fermez le poing une dizaine de fois et recommencez l'exercice d'étirement. Faites trois fois la série d'exercices pour chaque main (photo 2.1).

Vers le bas

Le principe est le même. Placez une main dans l'autre en pointant les doigts vers le bas, tendez le coude et poussez

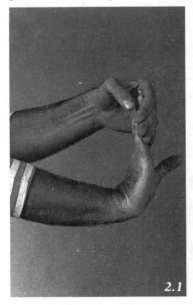

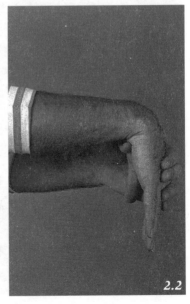

2.1

2.2

2.3

2.4

doucement pendant 10 à 15 secondes. Fermez et ouvrez le poing une dizaine de fois. Faites trois fois la série d'exercices pour chaque main (photo 2.2).

Le langage des mains

Les mains sont probablement l'instrument de communication le plus utilisé après la parole. Il n'est pas rare de pouvoir suivre une conversation uniquement par les gestes. Il suffit de penser aux malentendants/aphones qui communiquent efficacement en langage international des signes.

Les différentes positions des mains peuvent définir votre état de santé, votre âge, votre humeur et aussi vos intentions. Voici quelques exemples : arrêt, dictature, menace, quête illustrées par les photos ci-contre (photos 2.3-2.6).

L'improvisation est un excellent exercice pour développer la créativité. Amusez-vous, avec un partenaire, à tout exprimer avec les mains et vous découvrirez à quel point le langage peut être vaste, même sans le verbe.

Les mains-personnages

Il existe un jeu simple qui développe la souplesse des doigts et la capacité de présenter un personnage. Donnez un corps et des membres à votre main et transformez-la en *top model* qui descend l'allée, la démarche provocante, ou en danseur de tango, ou en ballerine sur pointes. Vos mains assouplies deviendront une personne, un animal, une fleur, etc. Les limites sont celles de votre imagination.

Formes et illusions

La boîte

Placez les doigts à plat dans un angle de 90 degrés par rapport à la main (photo 2.7). Pour donner l'illusion d'une grosse

2.5

2.6

37

2.7

2.8

boîte, tendez les bras vers le bas, à la largeur désirée, ce qui indiquera le volume et le poids de la boîte. Pour une petite boîte, pliez un peu les coudes et placez les mains devant vous. Plus vous éloignerez les bras de votre corps, plus la boîte paraîtra légère (photo 2.8).

La cigarette et la tasse de thé

Ces formes sont assez faciles à reproduire. Il suffit de mettre les doigts dans le bon angle et les mains à la bonne distance du visage. Attention de ne pas écraser la cigarette entre vos doigts ou de trop les écarter et d'ainsi sembler montrer le chiffre 2. Il est intéressant de varier l'angle de la main et la posture des doigts pour différencier la cigarette du cigare ou du joint.

En ce qui concerne la tasse de thé, on la tient entre le pouce et l'index, délicatement, de manière à évoquer la légèreté de la porcelaine. Le petit doigt en l'air représente un stéréotype utile pour démontrer le caractère pédant du personnage.

Le cœur

Les mains, jointes par le bout des doigts et des pouces, prennent facilement la forme d'un cœur. Vous pouvez aussi inverser la figure en joignant les doigts par la première jointure et en pointant les pouces vers le bas. Cette position peut s'avérer utile lors d'une déclaration d'amour (photos 2.9, 2.10).

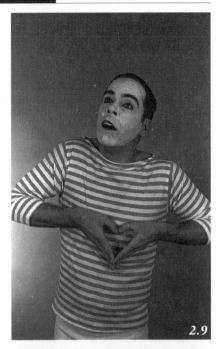

2.9

2.10

Le corps

Exercices et alignement

Le corps, pour les besoins de la cause, se divise en sept parties principales : la tête, le cou, le thorax, la taille, le bassin, les genoux et les chevilles. L'alignement de l'une ou de plusieurs parties peut caractériser votre personnage. Mais d'abord et avant tout, pensons aux exercices.

La tête

De grands signes (oui ou non) stimulent les muscles extérieurs du cou, de la même façon que le mouvement de cloche

permettra l'étirement des muscles latéraux, de la tête aux épaules. Le mouvement de la tête de poule ou de pigeon est certes inhabituel, mais il est très utile et plutôt rigolo.

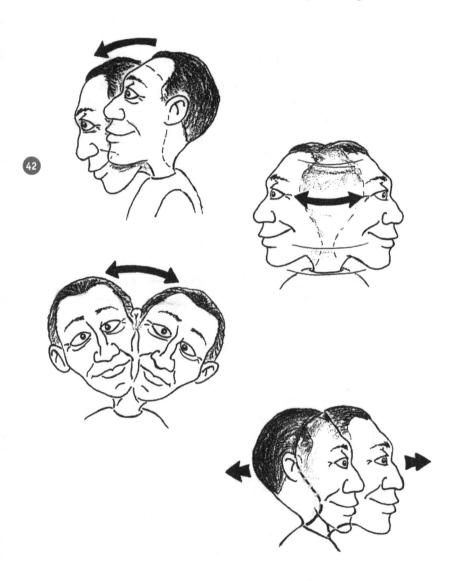

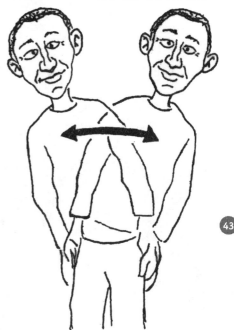

Le thorax

Cette partie du corps est très importante et il faut bien la préparer. Les mouvements à exécuter sont presque identiques à ceux de la tête. Penchez-vous vers l'avant et vers l'arrière, puis de chaque côté et poussez vers l'avant et l'arrière.

43

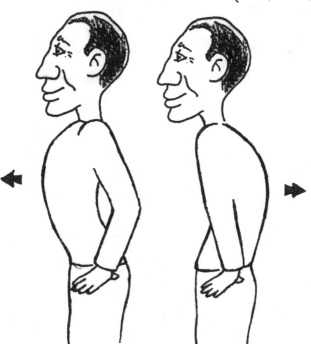

Thorax-Taille-Bassin

Le *chat* et le *cobra* sont des exercices d'assouplissement aussi bien que de respiration. Exécutez-les lentement. Soyez détendu. Pour l'exercice du chat, inspirez bien avant chaque posture et expirez au moment où le dos s'arrondit ou se cambre (photos 3.1, 3.2).

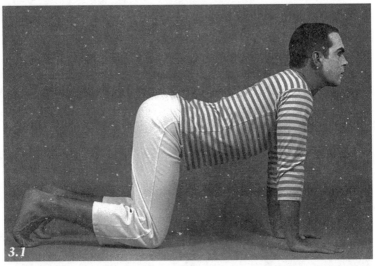

3.1

3.2

Le *cobra* doit aussi être réalisé en douceur, en contrôlant votre respiration. Inspirez avant d'arquer le dos et expirez une fois la position atteinte (photos 3.3, 3.4). Relaxez en position *dos rond*.

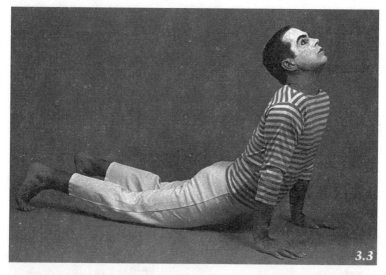

3.3

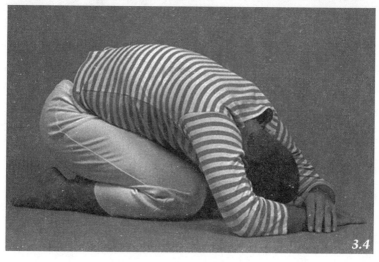

3.4

Jambes

Un minimum de réchauffement et d'étirements est à conseiller. En voici quelques-uns : commencez par un peu de course sur place, puis étirez chacune de vos jambes en plaçant le pied sur une chaise et en poussant le genou vers le bas pendant 15 à 20 secondes. Recommencez l'exercice trois fois pour chaque jambe. En vous tenant debout sur une jambe, pliez le genou et ramenez à l'aide de votre main, le talon sur la fesse (photos 3.5, 3.6). Recommencez l'exercice trois fois pour chaque jambe.

46

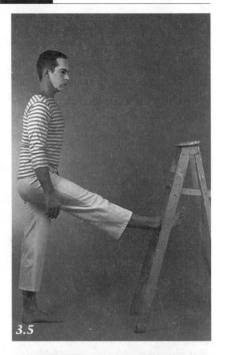

3.5

3.6

Positions de base

Position zéro

Les pieds ouverts (en forme de V), balancez-vous légèrement d'avant en arrière, en diminuant doucement le mouvement jusqu'à l'arrêt complet. Vous devriez alors avoir l'impression que vous reposez dans le vide, en parfait équilibre. C'est la position zéro. (photo 3.7)

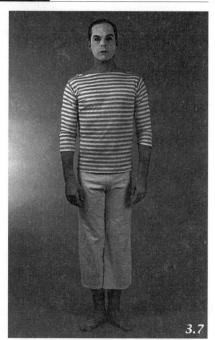

3.7

La tour de Pise

À partir de la position zéro, recommencez le balancement, mais cette fois de gauche à droite afin de bien sentir les appuis de chaque côté. Continuez le mouvement aussi loin que possible des deux côtés puis arrêtez-vous au point maximum du côté de votre choix. Vous réaliserez que votre corps dessine une ligne oblique rappelant la tour de Pise (photo 3.8). Vous remarquerez aussi que le pied qui supporte se cramponne au sol.

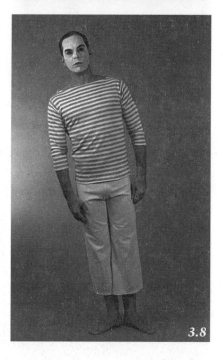

3.8

Les postures

Personnages stéréotypés

Le vieillard

À partir de la position zéro, courbez plus ou moins le dos, pliez un peu les genoux et écartez les pieds. Vous avez une posture de base du vieillard stéréotypé. Pour augmenter l'âge de votre vieillard, il suffit d'accentuer la courbe et de plier un peu plus les genoux. Vous pouvez varier la personnalité du personnage en raidissant vos jambes et vos bras. Marchez à petit pas comme si vos articulations étaient douloureuses. Bien entendu, vous ne serez jamais vieux et courbé, mais pour le jeu, cela peut servir (photo 3.9).

3.9

Le coq

Toujours à partir de la position zéro, poussez le
thorax vers l'avant, sortez
le fessier, relevez le menton et avec un petit air
fier, marchez à pas rebondis en soulevant les ge-
noux plus haut que la
normale. Les yeux vers la
basse-cour, regardez de
droite à gauche (pho-
to 3.10).

Le chien battu

Assis sur une chaise,
écartez les pieds et serrez
les genoux (cette position
dénote la timidité ou un
complexe). Placez en-
suite les mains sur les genoux, comme si vous
étiez trop faible pour les
supporter. Courbez légè-
rement le dos. Avancez et
penchez la tête. Soulevez
légèrement une épaule en
gardant la tête basse et regardez vers le haut, du
même côté que l'épaule.
Les positions du regard et
de l'épaule accentuent
l'illusion de malheur. Il
est possible de recréer la
même expression en de-
meurant debout.

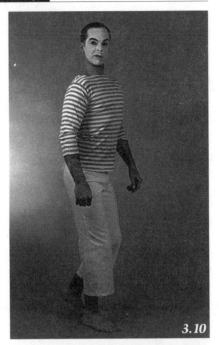

3.10

49

3.11

3.12

3.13

Le tronc, la tête, les épaules et les yeux placés tels qu'indiqués ci-dessus, les jambes restent droites, les genoux fléchis et les pieds sont tournés vers l'intérieur (photo 3.11).

La pin-up

Les personnages stéréotypés de *pin-up* sont très variés. Voici une version de serveuse *Pin-up*.

De la position zéro, portez tout le poids sur une jambe. En gardant les genoux près l'un de l'autre. Placez un pied de côté sur sa pointe, un bras positionné comme s'il tenait un plateau et l'autre droit, vers le bas, la main relevée, paume vers le sol. Les coudes sont collés au corps.

Relevez le menton et faites un sourire d'annonce de dentifrice. Ce n'est peut-être pas la *pin-up* la plus séduisante que vous ayez jamais vue, mais c'est un exemple technique. Créez vous-même votre genre en étudiant les lignes de votre corps (photos 3.12, 3.13).

Les sportifs

Choisissez un sport que vous aimez bien et un sport que vous détestez et amusez-vous à accentuer les points positifs et le style du sport que vous préférez et les détails qui vous agacent chez l'autre. Pour bien comprendre, voici quelques exemples :

Le golf

De la position zéro, écartez les pieds à la largeur des épaules, pliez un peu les genoux, courbez le dos, tendez les bras et placez les mains l'une derrière l'autre comme si elles tenaient le bâton. Regardez dans la direction où vous voulez frapper votre balle avec une expression de sérieux et d'analyse. Si le golf est un sport que vous détestez, sortez les fesses et prenez un air ahuri (photos 3.14, 3.15).

3.14

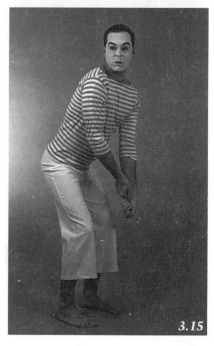

3.15

51

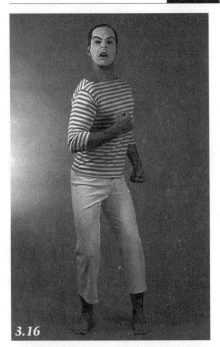

3.16

3.17

Le culturisme

Les pieds sont largement écartés, le corps est droit, les genoux légèrement fléchis, le thorax gonflé à bloc, les épaules et le menton relevés et la mâchoire inférieure légèrement en avant. Les bras tendus vers le bas, les mains tiennent un poids imaginaire. Levez un de ces poids en pliant le coude et forcez autant du visage que du bras. Si vous aimez ce sport, donnez plutôt l'importance au travail des muscles, gardez un visage plus détendu et un sourire malgré l'effort (photos 3.16, 3.17).

Personnages de légendes

Le bossu

Courbez le dos au maximum et penchez la tête en avant comme dans l'exercice de la *tête de poule*, ce qui créera l'illusion voulue de la bosse. Pliez les genoux et les coudes afin de rendre votre corps plus rabougri (placez une jambe derrière vous pour démontrer qu'elle est lourde à traîner, le pied tourné vers l'extérieur ou l'intérieur peut renforcer l'illusion). Prenez un regard un peu affolé, les yeux écarquillés et marchez en traînant une jambe comme un poids mort (photo 3.18).

King-Kong

Les pieds et les genoux largement écartés, le fessier sorti vers l'arrière, le thorax sorti vers l'avant (poussez un peu les épaules vers l'arrière), les bras sont pendants à l'avant du corps. La mâchoire inférieure portée

3.18

3.19

53

vers l'avant, la démarche est lourde et oscillante vers les côtés. Eurêka ! Voici le chaînon manquant... (photo 3.19)

L'arbre

La position de l'arbre est à la fois simple et complexe. Simple étant donné que dans la nature, donc dans un arbre, mille formes peuvent apparaître, et complexe parce qu'il vous faut réussir à trouver une posture qui permette d'identifier l'image. Dans certains cas, un léger mouvement des branches pourra vous servir. Vos pieds sont les racines et vos jambes, le tronc; votre torse et votre tête sont la cime et vos bras, évidemment, sont les branches. Les mains et les doigts peuvent devenir des branches secondaires et des feuilles. Un mouvement des branches donnera l'impression que le vent souffle, tandis que vos yeux ou l'expression de votre visage peuvent signifier l'arrivée d'oiseaux. Cette dernière expression est laissée à votre imagination.

Partie II

Le mouvement

Marche
sur place

Il existe plusieurs façons de mimer la marche sur place. Nous allons en observer deux, nous permettant de varier l'illusion.

Exercices

Voici les deux exercices de préparation que je vous propose pour la marche sur place : pour les chevilles, à partir de la position zéro, levez-vous simplement sur la pointe des pieds et redescendez. Faites la même chose en pliant légèrement les genoux et remontez (photos 4.1, 4.2). Pour le deuxième exercice, pliez et levez le genou comme pour marcher normalement. Placez le talon au sol devant vous et ramenez-le

4.1

4.2

en le glissant vers vous jusqu'à sa position initiale. Exécutez ces exercices plusieurs fois pour chacune de vos jambes, la répétition assouplit et réchauffe et de plus, elle engendre un automatisme qui facilite le mouvement naturel. Avec un peu d'entraînement vous réussirez à marcher sur place aisément.

Marche sur place (base)

Avec la jambe droite, levez le genou et placez le talon au sol. En même temps que vous ramenez, en glissant, le pied droit à son point d'origine, soulevez la cheville gauche en avançant le genou gauche. Poussez maintenant le talon gauche vers l'avant et ramenez en glissant au sol pendant que la cheville droite se soulève et que le genou droit avance. Vous

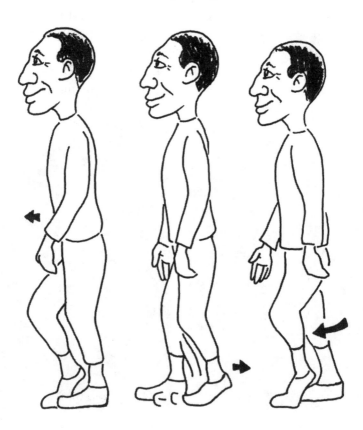

venez de faire vos premiers pas vers la marche sur place (voir illustration). Répétez l'exercice à partir du début, lentement de façon à bien assimiler les mécanismes. Si vous effectuez les mouvements correctement, vous devriez avoir un léger balancement des épaules et des bras comme dans le mouvement naturel du corps en marche.

Marche sur place (intermédiaire)

La technique que nous allons voir ici est un peu plus complexe mais l'effet est sans aucun doute plus spectaculaire. Elle est la base de quelques autres formes de marche, telles que le fameux *Moon walk,* développé par le mime et acteur américain Red Skelton dans les années 30, et popularisé par Michael Jackson dans les années 80.

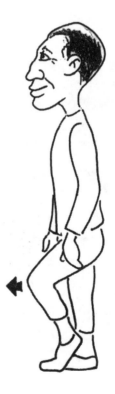

À partir de la position zéro, placez la plante du pied droit devant vous sur le sol en pliant le genou et en portant le poids sur cette même jambe. Glissez le pied gauche vers l'arrière en posant simultanément le talon droit au sol. À l'autre jambe : placez la plante du pied gauche devant vous sur le sol en pliant le genou et en portant le poids sur cette même jambe. Glissez ensuite le pied droit vers l'arrière en posant simultanément le talon gauche au sol (voir illustration). Vous venez de faire les premiers pas vers le prochain exercice et rappelez-vous que plus vous répéterez souvent et lentement, plus vos mouvements deviendront fluides et naturels.

Les appuis

Debout

Toujours à partir de la position zéro, croisez la jambe droite par dessus la gauche en portant votre poids sur la jambe gauche. Le talon droit vers le haut, placez la plante du pied

4.3

au sol. Soulevez le coude droit à la hauteur de l'épaule et laissez votre main pendre vers le sol. Déplacez ensuite légèrement votre thorax vers la droite (photo 4.3). Cet appui est amusant et intéressant à insérer dans une routine. Essayez d'abord en vous appuyant réellement sur quelque chose et étudiez les points d'appui et les muscles mobilisés dans le corps pour garder l'équilibre dans cette posture.

Assis

Position zéro. Soulevez le genou droit de façon à ce que votre jambe fasse un angle de 90 degrés. Courbez le thorax vers l'avant et appuyez le coude droit sur la cuisse droite en laissant pendre votre main. Pour plus de confort, pliez un peu le genou de la jambe gauche. Si vous désirez accentuer l'effet, balancez la jambe droite (photos 4.4, 4.5).

4.4

4.5

61

Le miroir

Recommandations

Avant de poursuivre plus loin, placez-vous devant un miroir et bougez lentement les parties de votre corps (bras, mains, tête, etc.). Observez bien vos mouvements. Profitez-en pour répéter les techniques précédentes et évaluer vos performances.

Placez vos mains à plat sur un mur et étudiez la position de vos mains, de vos doigts et de vos poignets. Retournez au miroir et recréez cette illusion dans le vide. Tentez de vous convaincre que vos mains sont réellement appuyées sur un mur (photo 5.1).

À deux

Cet exercice nécessite l'aide d'une autre personne.

Placez-vous face à face, à une distance d'environ deux mètres. Regardez-vous dans les yeux, cela aura pour effet d'accroître le champ visuel, ce qui vous facilitera la tâche. Décidez d'abord qui sera le reflet, puis commencez par des mouvements lents et faciles,

5.1

des mains, de la tête, etc. Exécutez ensuite des mouvements plus accentués à l'aide du tronc et des genoux. Vous devriez donner l'illusion d'un miroir. Interchangez les rôles et quand vous vous sentirez prêt, accélérez le rythme de votre gestuelle de façon à développer vos réflexes.

Les points fixes

Exercices

Devant le miroir, placez une main dans le vide (à plat ou le poing fermé). Bougez le corps lentement en essayant de garder la main immobile, au même point. Bougez de haut en bas et d'un côté à l'autre. Votre coude doit compenser en ouvrant et fermant au même rythme et à la même amplitude que le corps. Il est l'instrument magique de l'illusion. Ce principe s'applique aussi pour toute autre partie du corps. Les points fixes contribueront à créer la vraisemblance voulue, entre autres dans les appuis, le miroir ou les objets à tirer ou pousser.

Manipulation d'objets réels

Les objets comme les balles, les plateaux, les valises, etc. sont très utiles à l'exercice des points fixes. Comme nous l'avons vu précédemment, il est souhaitable d'observer et de vraiment faire l'action avant de la mimer.

Donnez à votre objet une volonté propre. Placez une balle dans votre main, la paume dirigée vers le haut. Déplacez-vous en *promenant* votre balle. À certains moments, *fixez* votre balle dans le vide, c'est-à-dire immobilisez votre main, ce qui retiendra le reste de votre corps, comme si vous marchiez main dans la main avec quelqu'un qui s'arrête subitement sans vous avertir. Répétez cet exercice avec différents objets. Si vous en avez envie, faites-le conjointement avec la marche sur place : crampes et fous rires garantis (photos 6.1, 6.2).

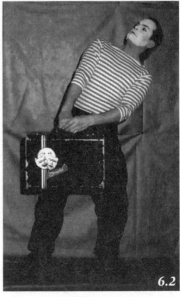

6.1 *6.2*

La toile d'araignée

N'utilisez pas le miroir pour cette figure. D'ailleurs, bien qu'il soit souhaitable de vérifier l'effet visuel de vos techniques, il vous faut sentir les positions et les mouvements, même les yeux fermés.

Imaginez que vous avez devant vous une grande toile d'araignée. Représentez-vous chacun des brins filant dans toutes les directions. Du bout des doigts, faites-en le tour. Décrivez la forme de la toile et chaque rayon. Tissez-la. Le bout des doigts donne un effet de légèreté et de fragilité. Pour situer la dimension et la profondeur de la toile, n'hésitez pas à vous hausser sur la pointe des pieds ou à vous plier, à vous pencher. Si on a l'impression que vous devenez une araignée, vous êtes sur la bonne voie.

La statuaire

Les positions statuaires développent la concentration et la conscience de votre place dans l'espace. Elles sont aussi la base d'un des plus vieux personnages dans l'histoire du mime : l'automate.

La statue

Seul, à la position zéro, fixez un point devant vous et demeurez impassible. Respirez lentement et prenez conscience de votre immobilité. Changez ensuite de posture et recommencez. Prenez des positions de sculptures connues ou de

8.1

mannequins de grands magasins. À chaque fois, fixez un point des yeux et conservez la pose assez longtemps pour sentir votre place dans l'espace qui vous entoure. L'immobilité accentue le mouvement des alentours. Si vous suivez le flot d'une foule, vous ne sentirez rien de particulier. Par contre, si vous vous immobilisez, vous interromprez le courant et cette foule vous paraîtra beaucoup plus active (photos 8.1, 8.2).

8.2

Le mannequin

Cet exercice nécessite l'aide d'une autre personne. À partir de la position zéro, fixez du regard un point devant vous. Votre partenaire devient l'étalagiste qui vous positionne à sa guise. Il bouge votre tête, un bras, etc. Soyez attentif aux gestes de votre partenaire et rappelez-vous que vous êtes un mannequin, donc immobile. Après un certain temps, inversez les rôles et positionnez votre partenaire. Portez une attention particulière à la façon dont vous lui indiquez les postures désirées. Le lotus en équilibre sur la tête est à déconseiller (photos 8.3, 8.4).

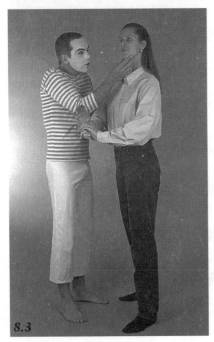

8.3

L'automate

À partir de la position sta-
tuaire, bougez une partie
de votre corps à la fois
puis immobilisez-la. Pour
arriver à un résultat satis-
faisant d'effet mécani-
que, il vous faut bouger
lentement et figer le mouvement. Au moment de
vous arrêter, pensez au
son *toc*. Commencez par
un poignet, un bras, puis
la tête et ainsi de suite.
Entreprenez un mouve-
ment très lent et… *toc*.
Vous pouvez reproduire
des actions quotidiennes
en les décortiquant par
mouvements lents et sac-
cadés.

8.4

71

Les dynamiques du mouvement

On regroupe généralement les types de mouvements dans quatre dynamiques différentes que l'on nommera ici : le *toc,* le *fondu,* le *rebondissement* et la *vibration.* Ces termes varient d'une école à une autre, l'important est de comprendre les principales différences entre chacune d'elles.

Le toc : départ soudain ou arrêt de mouvement

Pour vous habituer à contrôler le *toc,* je suggère le jeu du photographe. Marchez normalement et imaginez que quelqu'un vous prend en photo. Au moment où le *flash* se déclenche, figez-vous sur place pendant une ou deux secondes, puis continuez de vous promener.

Avec une autre personne, refaites l'exercice du *toc* mais cette fois, ce sera votre partenaire qui vous donnera le signal. Marchez librement et au moment où votre partenaire claque des doigts ou frappe des mains, immobilisez-vous jusqu'à ce qu'un autre signal vous indique de continuer à marcher.

De cette façon, vous travaillerez le *toc* de départ et celui de l'arrêt. Le *toc,* c'est la surprise, la prise de position, la fermeté, le choc sur la matière, etc.

Le fondu

Le mouvement continu, sans arrêt, plus lent ou plus rapide s'appelle le *fondu.*

Pour vous familiariser avec le *fondu*, marchez lentement ou à vitesse normale et faites des actions courantes comme celles de vous lever, vous étirer, vous habiller, etc. Il est important que tout soit fait en continu, sans interruption des mouvements. Une autre façon de pratiquer le *fondu* est de tout faire au ralenti. Cela vous permet aussi de prendre conscience de chaque détail de vos mouvements.

Le jumelage du *toc* et du *fondu* nous rapproche des actions réelles qui peuplent notre quotidien. Exemple : prendre la cafetière, se verser du café, remettre la cafetière en place, prendre sa tasse, boire une gorgée, replacer la tasse.

Cette association de dynamiques divergentes peut nous aider dans la composition de personnages comme celui de l'automate. Le *fondu*, c'est entre autres la chaleur torride, la fatigue, la nonchalance, la grâce.

Le rebondissement

Prenez une balle, laissez-la tomber par terre et observez-la. On dirait qu'elle rebondit sans avoir touché le sol. Imitez-la en marchant à pas rebondis. On peut aussi dire que la balle se dirige vers le sol, et change d'idée au dernier moment…

Supposez que vous vouliez téléphoner. Votre main se dirige vers l'appareil puis vous hésitez. Vous décrochez et vous apprêtez à faire le numéro puis vous hésitez encore. Enfin… un peu de courage, prenez ce téléphone et appelez !

La dynamique du rebondissement est utilisée ici, dans l'action, afin de d'illustrer les pensées contradictoires.

Le *rebondissement*, peut aussi exprimer la timidité, l'ivresse, la brûlure ou le jeu au ballon. La combinaison du rebondissement avec le *toc* et le *fondu* peut être très utile dans les pantomimes de l'équilibriste, de l'haltérophile ou du sonneur de cloche.

La vibration

Les mouvements courts, continus et rapides comme les doigts sur un clavier d'ordinateur ou un piano, les tremblements causés par le froid, la vieillesse ou la maladie font tous partie de la dynamique de la *vibration*.

C'est le mouvement nerveux, le trop plein d'énergie, la lèvre qui tremble de tristesse ou même la vibration que l'on ne voit pas mais que l'on peut ressentir chez le sprinter sur la ligne de départ d'une importante compétition.

La *vibration* est une dynamique que l'on voit ou que l'on ressent, comme le tremblement de terre, certaines ondes, l'approche d'un hélicoptère ou la minute précédant l'obtention d'une chose tant désirée.

Partie III

Jeux et pantomimes

Jeux et pantomimes en solo

Maintenant que les techniques de base sont apprivoisées, place au jeu… à la pantomime.

Une façon certainement très efficace d'expérimenter vos techniques est de les utiliser dans le jeu d'un personnage et dans la manipulation d'objets imaginaires. Dans cette partie, je vous suggère quelques situations et des personnages classiques et stéréotypés.

Je vous indique une marche à suivre à votre guise, de la manière la plus sérieuse ou la plus folle. Vous êtes le maître du jeu et personne ne connaît mieux votre instrument que vous-même.

Vous remarquerez que dans la manipulation d'objets (exemple : le sonneur de cloche et l'haltérophile) les points fixes sont à exploiter. Un bon contrôle des muscles du visage sera essentiel dans le *goûteur,* et votre contrôle des alignements du corps fera de vous un meilleur *équilibriste.*

Les jeux à deux ou en groupe permettent, entre autres, l'observation des participants pendant l'action. De plus, ils développent l'écoute, les réflexes, l'imagination et la capacité à improviser. Jouer seul devant son miroir sert à la technique, mais rien de tel qu'un public pour se corriger et s'améliorer.

Le sonneur de cloche

Un classique de Claude St-Denis, le sonneur de cloche, remplacé depuis longtemps par l'électronique, fait désormais partie de l'histoire. Il demeure un personnage intéressant à travailler, ne serait-ce que pour le contrôle physique qu'il peut encourager.

La prise

Imaginez le câble qui pend du clocher jusqu'à vos pieds. Placez vos mains autour, l'une à hauteur d'épaule et l'autre au-dessus de la tête (photo 10.1). Levez les yeux et regardez la cloche. Si vous la voyez, tout le monde la verra.

La courbe du dos

Il faut maintenant faire sonner cette cloche. En commençant par la tête, inclinez-vous vers le bas. Faites suivre le torse, les épaules et les bras. Il peut sembler étrange que le thorax s'incline avant les bras, c'est pourtant ce qui se passe dans le mouvement réel, l'effort venant d'abord des abdominaux pour remonter vers la source, les mains. Une fois que l'inclinaison voulue est atteinte, la cloche sonne et balance en sens inverse vous obligeant à vous redresser et à préparer le deuxième élan. Recommencez les mouvements autant de fois qu'il le faudra pour

10.1

sonner l'heure (photos 10.2, 10.3).

L'expression

Claude St-Denis a écrit cette pantomime alors qu'il était étudiant au collège. Son attitude et ses expressions étaient donc celles d'un vieux moine fatigué et courbé par le temps. Vous pouvez faire de même ou y ajouter votre touche personnelle. La posture témoigne de l'âge et de l'état de santé et vos expressions, de l'effort déployé en tirant sur ce câble.

10.2

81

10.3

10.4

10.5

L'équilibriste

Imaginez un fil de fer suspendu dans le vide et en bas, le public qui retient son souffle. Les bras en croix, glissez un pied sur le fil et puis l'autre. Vous êtes en équilibre et devez traverser sans tomber. Ajoutez quelques figures, changez de direction et surtout, gardez le sourire. Le fléchissement des genoux donne l'illusion de rebondissements et le mouvement des bras, au-dessus de la tête ou le long du corps, expriment le niveau de difficulté à retrouver votre équilibre. Les expressions du visage traduiront vos émotions et pensées (photos 10.4, 10.5). Il est permis d'utiliser un parapluie ou une perche — imaginaire, cela va de soi — pour vous aider dans votre numéro.

82

Le goûteur

Distingué, grossier ou gourmand, il nous fait percevoir par ses expressions et contorsions, ce qu'il sent, goûte et ressent en prenant son repas.

La nourriture

On dit souvent que l'on apprécie d'abord un plat avec les yeux, puis le nez et finalement avec le palais. Pour réussir à transmettre la satisfaction ou le dégoût, il sera donc essentiel d'utiliser tous vos sens et tous les muscles du visage y compris la bouche. Pour que l'on puisse deviner ce que vous mangez, l'ustensile est un indice. L'aisance à couper la nourriture est aussi un point à ne pas négliger. Accueillez votre plat par un regard, humez-le. Déjà, votre expression devrait nous mettre sur la piste. Maintenant, goûtez votre plat, du bout des lèvres, par petites bouchées ou dévorez-le, à la petite cuillère, à la fourchette

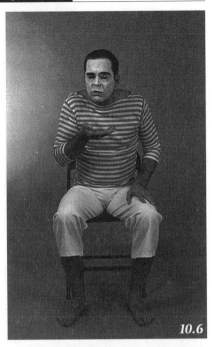

10.6

10.7

83

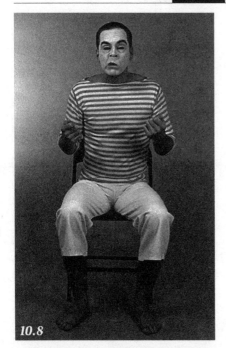

10.8

10.9

ou à pleines mains. Il vous reste à mastiquer et à expérimenter le goût et la texture (photos 10.6-10.8).

Les boissons

Votre breuvage demande les mêmes exercices qu'il s'agisse de vin, d'eau, de café ou d'alcool. La manière de placer vos doigts peut indiquer l'heure du thé, le raffinement d'un verre de vin ou d'une flûte de champagne. Bien entendu, le jeu est plus étendu avec un verre de vin qu'avec un verre de lait. Votre réaction au passage du liquide dans la gorge peut indiquer la force de l'alcool ou du café.

Pour vous mettre dans le jeu, imaginez-vous devant vous un verre de scotch, un excellent vin et un espresso. Sentez-les un à un, regardez-les, puis goûtez-les en essayant, par votre mimique, de faire ressortir les caractéristiques de chacun (photos 10.9-10.11).

Vous êtes prêt pour le goûteur. Je vous suggère de réaliser un repas complet. Commencez par lire le menu, ensuite prenez l'apéro, puis l'entrée, le plat principal avec le vin, etc. Qu'écririez-vous dans votre prochain article si vous étiez critique gastronomique ? Bon appétit !

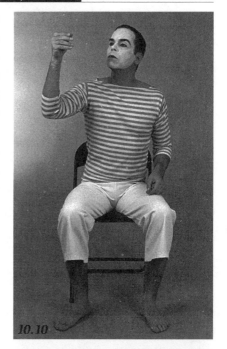

10.10

10.11

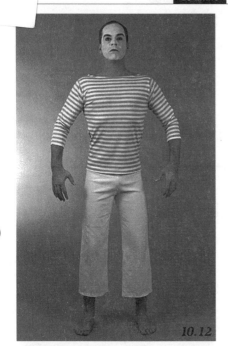

10.12

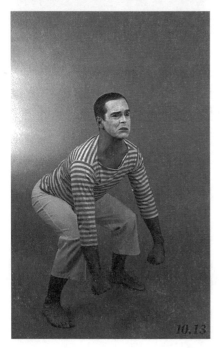

10.13

L'haltérophile

Les postures

Debout, les jambes sont écartées à la largeur des épaules, épaules haussées, bras écartés, thorax sorti et menton bien haut, vous êtes prêt à soulever le monde (photo 10.12).

Pliez les genoux, sortez le fessier et penchez le torse vers l'avant en gardant le dos droit jusqu'à un angle de 45 degrés. Tendez les bras vers le bas et refermez vos mains sur la barre. La tête relevée, regardez droit devant vous, l'air concentré et déterminé (photo 10.13).

L'épaulé

De la position précédente, soulevez la barre en l'amenant vers les épaules. À l'arrêt du mouvement, vos mains devraient être à l'extérieur de vos épaules, les paumes vers l'avant. Les genoux en demi-flexion, le corps est droit, les épaules et le dos sont légèrement cambrés, placez une jambe vers l'arrière. Vous tenez maintenant l'haltère en épaulé. Il ne vous reste qu'à l'amener au-dessus de votre tête.

Le jeté

De la position de l'épaulé, poussez en même temps les bras et les jambes. Redressez le corps pour atteindre la position finale. Les jambes sont écartées et la barre est maintenue pendant quelques secondes à bout de bras (photo 10.14). Laissez tomber le poids.

87

L'effort

Au moment où la barre est encore au sol, l'impression de pesanteur dépendra de votre prise sur la barre et de votre expression. Les épaules et la mâchoire communiquent un effort intense. À l'arrivée sur les épaules, les genoux et le torse indiquent le degré de difficulté, tandis qu'une fois la barre à bout de bras, c'est le cou et la tête qui démontreront l'énergie déployée.

10.14

L'interprétation

L'haltérophile est un classique. D'Hercule à Louis Cyr, les mimes ont de tout temps joué ces personnages sacrés, ces forces de la nature, admiratifs ou sarcastiques. Mais le vrai tour de force est bien de renouveler le personnage, encore et encore. Quel caractère donnerez-vous à votre haltérophile ? Sera-t-il un Alekseyev ou un macho égocentrique, un maladroit ou un gourou soulevant la masse par sa pensée ? À vous de lui donner votre couleur.

Duos et groupes

Les exercices qui suivent nécessitent le concours d'une ou de plusieurs personnes.

Souquer à la corde

Jeu à deux ou à plusieurs, cet exercice fait travailler les contrepoids et la synchronisation. Très apprécié des enfants et des jeunes ados, ce jeu devient plus amusant avec un arbitre qui dirige les participants.

Deux groupes égaux se font face sur une même ligne, les pieds écartés à la largeur des épaules, le corps de côté. L'arbitre est au centre. Les participants agrippent la corde fictive et regardent en direction de leurs adversaires. Les pieds bien campés au sol, ils attendent le signal. Pour créer l'illusion de la corde, l'arbitre doit influencer les efforts en donnant l'avantage, tantôt à droite, tantôt à gauche et chaque concurrent doit synchroniser ses mouvements avec ceux de la personne devant lui. Les personnes en tête se regardent dans les yeux et suivent les directives de l'arbitre. Un bras en avant et l'autre tout près du corps, le coude plié, le torse se cambre vers l'arrière et le genou devant plie un peu ou beaucoup selon l'effort, au moment où les concurrents tirent la corde.

Le jeu se fait en douceur et la magie s'installe. Il est suggéré à l'arbitre de couper la corde au milieu pour qu'il n'y ait pas de perdants… et que tout le monde se retrouve sur le derrière.

Le laveur de vitre

Jeu à deux, où l'écoute gestuelle, qui met à profit les points fixes et le contrôle segmentaire des membres, est exploitée à fond.

Les participants prennent, chacun, le côté d'une grande vitre qu'ils soulèvent et transportent vers un point donné, puis la posent au sol. L'un maintient la vitre tandis que l'autre la lave. Une fois le premier côté propre, on interchange les rôles pour le deuxième. Tenez votre chiffon d'une main et le vaporisateur de l'autre. Vaporisez et essuyez de haut en bas, de gauche à droite. Soyez certains de bien frotter les taches. Le contrôle de la main et du bras est essentiel pour que vos mouvements soient réalistes. Souvenez-vous que la surface est plate et utilisez les techniques de points fixes. Il est possible d'utiliser un vrai chiffon, mais cela demande plus de contrôle au niveau du poignet.

Les laveurs quittent ensuite les lieux, vitre en mains.

De fil en aiguille

Exercice interactif qui développe l'imagination et la rapidité d'esprit.

À deux (face à face) ou en groupe (en cercle) et à tour de rôle, chacun des participants imagine un objet qu'il tient dans ses mains. Le premier participant manipule son objet de façon à nous faire deviner de quoi il s'agit puis passe l'objet à son voisin. Celui-ci le transforme à son gré et le manipule pour nous en faire deviner le nom et le passe à son voisin, et ainsi de suite. Essayez d'établir un lien entre les objets que vous évoquez, soit dans leur forme soit dans leur utilité. Exemple : une pomme devient une balle, qui devient un boomerang, ou encore un marteau qui devient un pinceau qui devient une main qui salue.

Le secret

Avec les expressions du visage uniquement, vous devez faire connaître à votre public, le secret qui vous est dit à l'oreille ou les émotions qu'il suscite.

Vous êtes le gardien du secret. Asseyez-vous sur une chaise, face au reste du groupe. Un des participants vous fait part d'un secret. Vos yeux et les muscles de votre visage doivent communiquer tout ce qui vous est chuchoté à l'oreille ou l'état dans lequel cela plonge votre personnage.

II.1

Chacun est tour à tour interprète puis livreur d'un secret (photos 11.1, 11.2).

Improvisation

Placez, dans un plat ou un chapeau, des bouts de papier sur lesquels vous avez inscrit des noms de métiers, d'objets, d'animaux, de personnages ou de membres de votre famille. Un à la fois ou par petits groupes, tirez un sujet et improvisez.

Les animaux demandent beaucoup plus de travail physique que les

11.2

métiers qui sollicitent des détails dans les actions. Quant aux membres de la famille ou aux personnages, ils attirent le comique et il est toujours amusant de se moquer d'un professeur, d'une tante ou d'un voisin étrange.

Afin de rendre l'expérience intéressante, choisissez deux ou trois sujets en même temps et combinez les éléments dans votre jeu en personnifiant par exemple, un professeur/gorille/cameraman ou une grand-mère/acrobate sur une fourchette.

Faites preuve d'imagination !

Bibliographie

DECROUX, Étienne, *Paroles sur le mime*. Paris, Gallimard, 1963.

MARCEAU, Marcel, *L'aventure du silence,* Desclée de Brouwer, Belgique, 1974.

PECKNOLD, Adrian, *Mime, The Step Beyond Words,* Toronto, UC Press, 1982.

SHEPARD, Richard, *Mime, The technique of silence,* New York, Drama Book specialists, 1971.